T0031154

CODE ORANGE

Une suite blasonnée

CODE ORANGE

An Emblazoned Suite

Karen Mulhallen

Traduction française (Canada) de
Nancy Huston

Black Moss Press
2015

Library and Archives Canada Cataloguing in Publication

Mulhallen, Karen, author
Code orange : an emblazoned suite = une suite blasonnée / Karen Mulhallen ; traduction française de Nancy Huston. -- Bilingual edition = Édition bilingue.

Text in English and French.
ISBN 978-0-88753-554-3 (paperback)

I. Huston, Nancy, 1953-, translator II. Mulhallen, Karen. Code orange. III. Mulhallen, Karen. Code orange. French. IV. Title.

PS8576.U414C64 2015 C811'.54 C2015-903883-9E

Catalogage avant publication de Bibliothèque et Archives Canada

Mulhallen, Karen, auteur
Code orange : an emblazoned suite = une suite blasonnée / Karen Mulhallen ; traduction française de Nancy Huston. -- Bilingual edition = Édition bilingue.

Texte en anglais et en français.
ISBN 978-0-88753-554-3 (couverture souple)

I. Huston, Nancy, 1953-, traducteur II. Mulhallen, Karen. Code orange. III. Mulhallen, Karen. Code orange. Français. IV. Titre.

PS8576.U414C64 2015 C811'.54 C2015-903883-9F

Cover artist/Artiste de couverture: Elaine Kilburn Photography, "Riders into the Storm"
Designer: Jay Rankin
Editor/Réviseur: Meghan Desjardins

Published by Black Moss Press at 2450 Byng Road, Windsor, Ontario, N8W 3E8. Canada. Black Moss books are distributed in Canada and the U.S. by Fitzhenry & Whiteside. All orders should be directed there. / Publié par Black Moss Press à 2450 Byng Road, Windsor, Ontario, N8W 3E8. Les livres de Black Moss sont distribués au Canada et aux É-U par Fitzhenry & Whiteside. Toutes les commandes doivent y être adressées.

Fitzhenry & Whiteside
195 Allstate Parkway
Markham, ON
L3R 4T8

Black Moss would like to acknowledge the generous financial support from both the Canada Council for the Arts and the Ontario Arts Council. / Black Moss aimerait remercier pour leur généreux soutien financier le Conseil des arts du Canada et le Conseil des arts de l'Ontario.

ONTARIO ARTS COUNCIL
CONSEIL DES ARTS DE L'ONTARIO
an Ontario government agency
un organisme du gouvernement de l'Ontario

Canada Council for the Arts | Conseil des arts du Canada

To emblazon is to embellish, but to blazon a body is to hack that body into pieces to create fragments as trophies

Blasonner veut dire décorer, mais blasonner un corps c'est le charcuter pour faire de ses fragments des trophées

Table

Code Orange: An Emblazoned Suite

In the sweet, (In the sweet), by and by, (by and by),
We shall meet on that beautiful shore, (by and by),
In the sweet, (In the sweet), by and by, (by and by),
We shall meet on that beautiful shore.

Bennett and Webster, 1868

Two gates there are that give passage to fleeting dreams;
one is made of horn, one of ivory.
The dreams that pass through sawn ivory are deceitful,
bearing messages that will never be fulfilled;
The dreams that pass through the gates of polished horn
are future truths for the dreamers who can see them.

Homer, *The Odyssey*, Book XIX

Suite code orange

Un de ces jours, (Un de ces jours), ami très cher, (ami très cher),
On se retrouve en bord de mer (ami très cher),
Un de ces jours, (Un de ces jours), ami très cher, (ami très cher),
On se retrouve en bord de mer.

Bennett and Webster, 1868

Les songes sortent par deux portes,
l'une de corne et l'autre d'ivoire.
Ceux qui sortent de l'ivoire bien travaillé
trompent par de vaines paroles qui ne s'accomplissent pas ;
mais ceux qui sortent par la porte de corne polie
disent la vérité aux hommes qui les voient.

Homère, *L'Odyssée*, Livre XIX

I
The First War

Afghanistan, first war of the twenty-first century,
in our shame little did we anticipate
in the propaganda
the rewards those dailies brought us

faces of startling beauty. Some man,
some woman, some children, each assembled
so that Vermeer waking from his northern grave
would have gasped with joy.

Here a lip, there a profile,
always the superb curve of the head
blowing demonic rhetoric to smithereens,
not by a smart bomb,

but by a smarter one, some old god
rising tall below the Red City,
or his companion, younger, seated still
smiling archaically before the caves

and tunnels and frescoes, in the rubble
of the Valley of Bamiyan, his hands
resting on the knees of his crossed legs,
his pakhool brim rolled and set

at a cocky angle, his thumbs and first fingers
forming an eternal oval, the other
six fingers extended to catch the rain
of his own blessings.

I
La première guerre

Afghanistan, première guerre du vingt-et-unième siècle
dans notre honte on ne s'attendait guère
que tout en nous assommant de propagande
les quotidiens nous donneraient en récompense

des visages d'une beauté alarmante. Cet homme,
cette femme, ces enfants, chacun capté de telle sorte
que Vermeer, s'éveillant dans son tombeau nordique,
eût laissé échapper un cri de joie.

Ici une lèvre, là un profil,
toujours la courbe superbe de la tête
et la rhétorique diabolisante est pulvérisée
non par une bombe intelligente

mais par plus intelligent encore : tel dieu ancien
se dressant de toute sa hauteur sous la Ville Rouge,
ou son compagnon plus jeune, au sourire archaïque
encore assis devant les grottes,

tunnels et fresques, parmi les décombres
de la Vallée de Bâmiyân, jambes croisées
mains posées sur les genoux
bord du pakool remonté

à un angle cavalier, pouces et index
joints en un ovale d'éternité, les six
autres doigts tendus pour attraper la pluie
de ses propres bénédictions.

II
Revolutionary Meeting at the Royal Ontario Museum

After we met you, under the Moorish cupola,
in the foyer of the palatial Art Deco museum.
After we stood silently, Simon, Mairi, and I—
Simon, Jewish, Glaswegian, a Londoner,

Mairi, his wife, Christian, Scottish, a Londoner,
I, the Canadian, mongrel yoking of Mediterranean
and Caucasus, sea, desert, mountain: people of the book all.
Have we given away too much?

You come rushing in, lanky like a colt, getting its first legs,
your wonderful smile, your brown teeth,
late, held up by an eager interviewer,
asking more and more and more.

We ascend to the restaurant, overlooking the street,
four displaced persons, one a refugee, all perched
in Toronto's shopping danger zone, where clothes
change hands for thousands of dollars,

and begin to order lunch, but first, you say, something to drink—
La Heim, Prosit, Cheers. I give you Simic, Louvish, Lakowitz,
Laucke, MacDonald, Nejedsky, Nelles, and Naylor.
You don't eat much, and Simon doesn't drink,

II
Rencontre révolutionnaire au Musée royal d'Ontario

Après ton départ, sous la coupole mauresque
du hall de ce somptueux musée art déco,
nous sommes restés là en silence, Simon, Mairi, et moi :
Simon, juif de Glasgow vivant à Londres

Mairi sa femme, chrétienne, écossaise, vivant à Londres
et moi la Canadienne, hybride reliant la Méditerranée
au Caucase, mer, désert, montagne : gens du livre, tous.
Avions-nous trop dit ?

Dégingandé comme un poulain neuf, tu débarques en trombe,
avec ton merveilleux sourire, tes dents marron,
en retard, retenu par un journaliste avide
dont les questions ne s'arrêtaient pas.

On monte au restaurant qui surplombe la rue,
quatre personnes déplacées, dont toi le réfugié, perchées
dans cette zone dangereuse du shopping torontois, où les habits
changent de mains pour des milliers de dollars.

On s'apprête à déjeuner, mais, dis-tu, buvons d'abord
La Heim, Prosit, Cheers. Je te présente : Simic, Louvish, Lakowitz,
Laucke, MacDonald, Nejedsky, Nelles, et Naylor.
Vu que tu manges peu et que Simon ne boit pas,

so Mairi and I do our best to right the balance,
as you begin to discuss artillery and your interview.
You are wearing a black sweater and black jeans.
You are always in black, I've noticed, and the two of you talk

about your brothers, the right wing Israeli—
the father, Moishe Dayan's right hand man—
and the Bosnian General, you spoke to him only last night,
carefully, evading the war, your exile, your Moslem wife,

your children. Your beautiful thin face, its Oriental eyelids
heavily laced, like the intricate ethnic lines of a Serbo-Croatian-
Bosnian-Montenegrin topographical map. You are used to interviews,
and your brother whom you love, so you talked of fishing,

never mentioned the two-page spread in *Le Figaro*
that other morning. You've been on the road two years
fleeing the war, Italy, Belgium, Scotland, England,
Canada. Now here, Toronto, a real pause,

Luna, and Darius, happy, Amela, not too lonely;
you always out front, on the road, on the stage.
That long Parisian print interview, the war,
the death of your mother, the sorrow of Sarajevo,

opening it that morning, having poured out your heart,
to find opposite your own hollow cheeks, bloodshot eyes
creased and rimmed in wrinkles, your brother's round
well-fed cheeks, greased and smiling like a pig.

on fait de notre mieux Mairi et moi pour rétablir l'équilibre,
tandis que vous parlez d'artillerie et de ton interview.
Tu as revêtu un pull noir et un jean noir.
Tu es toujours vêtu de noir, ai-je remarqué, et d'évoquer

vos frères : le sien, Israëlien de droite —
leur père, homme de main de Moishe Dayan —
le tien, général bosniaque, tu lui as parlé pas plus tard qu'hier
en passant sous silence la guerre, ton exil, ta femme musulmane,

vos enfants. Ton beau visage émacié, ses paupières orientales
au tracé complexe, aussi intriqué qu'une carte topographique
serbo-croate-bosniaque-monténégrine. Habitué aux interviews,
et à ton frère que tu aimes, tu ne lui as parlé que de la pèche

ne soufflant pas mot de la double page parue l'autre jour
dans *Le Figaro*. Voilà deux ans que tu sillonnes le monde
pour fuire la guerre : Italie, Belgique, Écosse, Angleterre,
Canada. Et maintenant Toronto : vraie pause,

Luna et Darius heureux, Amela pas trop isolée ;
toi toujours en première ligne, en transit, en scène.
Ce long entretien dans le journal parisien, la guerre,
la mort de ta mère, le chagrin de Sarajevo,

ouvrant le journal ce matin-là, après t'être livré sans retenue
tu avais trouvé, face à tes joues creuses, tes yeux injectés de sang
et cernés de rides, les joues rondes et bien nourries
de ton frère, gras et souriant comme un cochon.

III
The Bookman's Passing

The sinews no longer hold flesh and bones together—
these are all prey to the resistless power of fire
which burns the body to ashes, once life slips from the bones;
and the soul takes wing as a dream takes wing,
and afterward hovers to and fro.

Homer, *The Odyssey,* Book XI

There is something final about an obituary.
Not the brief death notice.
It is the testimonials—a sentence or two, please—encapsulating—
What would you say he was?
How was—? How important?
How would you characterize—? When did you meet?

And then the career path, marriages,
significant others.
Born on a farm, you say? A real horse trader?
Shaggy. Loved to smoke and drink...never before noon—
Are you sure?

Cancer, a pity—common enough these days—
So, a generation—
But wait a minute—a library—nearly a million volumes—
manuscripts—pictures, ephemera—
The house that Richard built.

III
Le trépas du Bookman

Les nerfs ne soutiennent plus les chairs et les os,
et la force du feu ardent les consume
aussitôt que la vie abandonne les os blancs,
et l'âme vole comme un songe.

Homère, *L'Odyssée*, Livre XI

Une nécrologie a quelque chose de définitif.
Pas le bref avis de décès.
Mais les témoignages — une phrase ou deux, s'il vous plaît —
pour résumer — Vous diriez qu'il était quoi ?
De quelle manière ? À quel point important ?
Comment décririez-vous ... ? Votre rencontre date de quand ?

Ensuite les aléas de sa carrière, mariages,
concubinages.
Né dans une ferme, dites-vous ? Un vrai marchand de bestiaux ?
Hirsute. Adorait fumer et boire ... jamais avant midi —
Vous en êtes sûre ?

Cancer, dommage — assez fréquent de nos jours —
Ainsi, une génération —
Mais, attendez — une bibliothèque — près d'un million de volumes —
manuscrits — tableaux, éphémères —
La maison que Richard a construite.

There were many stops on that last road.
Sometimes you were at home, taking the sun on your deck.
Enjoying a drink at last, after so much treatment.
And your hair, beginning to grow back, wisps of white beard.

St Michael's Hospital, where I came early one morning,
bearing the Farmers' Market flowers.
Your face smeared with peanut butter, yoghurt—
who would have thought you'd have an appetite?
But you were farm bred, all appetite:
The dance of libido and intellect, a real farm bred appetite,

and that's the nature of a true horse trader.
You got it, sport those cowboy boots, that Stetson hat,
stompin' Richie has got the mojo,
and he's making a whole world of words.

Mount Sinai Hospital where meals appeared punctually:
Breakfast at 7:30, lunch at 12:30, dinner at 5 p.m.
Marie on the bed holding your head,
Sweetheart, sweetheart, I am here.

And first you were eating. Emptying the trays,
the meals, the treats from Harbord House,
and other friends' small packaged offerings.

But there were no nuts at the last stop, at Perram House,
except the bereaved. The end of life hospice,
no charge, and no expectations.

Il y eut sur ton chemin ultime pas mal d'escales.
Parfois tu étais chez toi, à prendre le soleil sur la véranda
et à siroter enfin un verre, après tant de traitements.
Tes cheveux repoussaient, les touffes blanches de ta barbe.

L'hôpital Saint-Michel, où je suis venue un matin tôt
les bras pleins de fleurs du Marché fermier.
Ton visage barbouillé de beurre d'arachide et de yaourt —
Qui eût cru que tu aurais de l'appétit ?
Mais, né dans une ferme, tu étais tout appétit :
Danse de la libido et de l'intellect, authentique appétit rural,

telle est la nature d'un vrai marchand de bestiaux.
Mais oui, montre-nous tes santiags, ton Stetson,
ton swing — il a la main magique ce Richie —
et il fabrique avec les mots un univers.

Hôpital du Mont Sinaï, où les repas arrivaient à l'heure :
Petit déj à sept, déjeuner à douze trente, dîner à dix-sept trente
Et Marie qui, assise sur le lit, te tient la tête,
Je suis là, mon cœur, je suis là.

Et au début tu mangeais. Tu vidais les plateaux,
repas, gâteries de Harbord House,
et autres mini-offrandes de tes amis.

Mais à la dernière escale, à Perram House, plus de dingos
hormis les endeuillés. L'hospice fin de vie,
sans frais, et sans avenir.

I feel like I am in transit—
  You are in transit.
I am crossing the border, the time zone between north and south.
You can't come here because you would disappear—
  I will meet you anywhere.

Last sighting, Wednesday, Toronto, Perram House,
heading for Room 8, 4 Wellesley Place.

The pick up ambulance arrives promptly at 10 a.m.
In the street, in front of Perram House, a film is being shot
as the ambulance arrives from Mount Sinai Hospital.

The attendants move him out of the ambulance.
They carry him across the divide, between the film crew,
the cameras, the electrical lines, the catering van and dressing rooms,

the outside and the inside, the before and the after,
the now and the not now.

They are nearing the front door of Perram House;
the elevator to the second storey is out of order:
Perhaps he felt the air in the street, as he became agitated.
Perhaps he felt the hesitation at the portal.
Perhaps he felt the line between then and now, before and after.
Perhaps he sensed the beginning of an ending.

Nothing convenient in a death.
Moments later, in the parlour, he died.

J'ai l'impression d'être en transit —
Oui tu es en transit.
Je traverse une frontière, créneau horaire entre nord et sud.
Tu ne peux y venir, sous peine de disparaître —
Je te rejoindrai n'importe où.

Aperçu pour la dernière fois : mercredi, Toronto, Perram House,
se dirigeant vers la chambre n° 8, 4 Wellesley Place.

L'ambulance l'embarque à dix heures sonnantes.
Mais quand elle arrive de l'hôpital du Mont Sinaï,
on tourne un film dans la rue devant Perram House.

Les aide-soignants le sortent de l'ambulance.
Ils franchissent avec lui la ligne de partage entre équipe de tournage,
caméras, câbles électriques, camionnette de catering, loges,

dehors et dedans, avant et après,
là et pas là.

Ils approchent de la porte d'entrée de Perram House ;
l'ascenseur qui monte à l'étage est hors-service :
Peut-être a-t-il senti l'air de la rue, car il est devenu agité.
Peut-être a-t-il senti leur indécision devant l'entrée.
Peut-être a-t-il senti la frontière entre alors et maintenant, avant et après.
Peut-être a-t-il senti le début d'une fin.

Rien de commode dans un décès.
Quelques instants plus tard, au petit salon, il a trépassé.

The parlour, they said, *was just like home.*
Pavilioned in splendour,
like the Ancient of Days, girded with praise:
So the earth with its store of wonders untold
bountiful is—what tongue could recite
how streams from the hills descend to the plain
and are sweetly distilled, in the dew and the rain.

Le petit salon, dirent-ils, *était comme chez lui.*
Pavoisé de splendeurs
tel l'Ancien des Jours, ceint d'éloges :
Ainsi la Terre, aux merveilles incommensurables
est-elle généreuse — quelle langue pourrait raconter
les ruisseaux dévalant les collines vers la plaine
pour être doucement distillés en rosée et en pluie.

IV
Suburban Hospital

For the past two days I had been thinking about the story
told to me by a friend last Wednesday evening.
It was a story about a doctor, a Chinese woman
who had examined a very young girl in the emergency department
of a suburban hospital in the north-east of a large urban centre.

The girl had bleeding from her anus; the doctor found a two-inch tear.
It was odd, she thought, how could there be such a tear?
As she talked to the girl, who was nearly silent,
she noticed that her head was tilted strangely,
her neck tipped to one side.

The more she looked at her, the more uneasy she became,
not about the anus, but about her head.
She called another friend, a doctor with access to an MRI machine,
and she sent the girl for an immediate MRI.

The results were astonishing.
On one half of the girl's head there was a tumour
which was growing down the neck from the brain stem.
It was a tumour of the sort sometimes found in AIDS patients.

She called in the girl's mother; she talked to the girl.
The girl had been repeatedly raped and sodomized,
first by her father, and then by her father and her older brother.

The mother denied the story; the girl refused to repeat it for the police.

There is a green hill far away, outside a city wall
where the dear lord was crucified, who died to save us all.

IV
Hôpital de banlieue

Depuis deux jours je repensais sans cesse à l'histoire
que m'avait racontée une amie le mercredi d'avant.
C'est l'histoire d'une médecin chinoise
qui avait examiné une toute jeune fille aux urgences
d'un hôpital situé au nord-est d'un grand centre urbain.

La fille saignait de l'anus ; la médecin lui trouva une longue déchirure.
C'est bizarre, se dit-elle, qu'est-ce qui a pu la déchirer ainsi ?
En discutant avec la fille, qui était quasi muette,
elle vit qu'elle avait la tête curieusement penchée,
le cou de guingois.

Plus elle la regardait, plus elle s'inquiétait,
au sujet non de l'anus mais de la tête.
Ayant contacté une autre médecin, une amie qui avait accès aux IRM
elle envoya la fille faire une IRM au plus vite.

Les résultats furent ahurissants.
La tête de la fille était occupée pour moitié par une tumeur
qui lui descendait le long du cou à partir du tronc cérébral.
On trouve parfois ce type de tumeur chez les malades du sida.

Elle convoqua la mère de la fille ; elle discuta avec la fille.
La fille avait été violée et sodomisée de façon répétée
d'abord par son père, ensuite par son père et son frère aîné.

La mère nia l'histoire ; la fille refusa de la répéter devant la police.

Au loin se trouve une colline verte, hors les remparts d'une cité
où notre seigneur fut mis en croix, et mourut pour nous sauver.

V
The End of September

Early evening, and we meet to talk over the last events.
You said, you said, he said, he said,
I said, I said,
                    the years
               all have their lists, and learn
     learn to put aside lists, list to
the list, what's at issue here,
                              what's to be seen,
seen, seem, scene, difference,
different desires, different capacities,
          sense, a sense, the sense of an ending:

Arranged I wait, as the light falls,
as the light falls on College Street, in Toronto.
     A yellow room, the waiter's sickled skin,
your face, your face with its tiny lines,
my face
               our years together:
Hail, hail and farewell.

V
Fin septembre

Tôt le soir, et on se retrouve pour faire le point.
Tu as dit, tu as dit, il a dit, il a dit,
j'ai dit, j'ai dit,
chaque année
a sa liste, mais il faut apprendre
apprendre à écarter, à écourter ces listes,
à voir ce qui est en jeu ici,
à voir ce qu'il y a à voir,
revoir, refaire, défaire, diffère,
désirs divers, dons divergents
sens, un sens, le sens d'une fin :

Apprêtée et prête j'attends, tandis que tombe,
tombe la lumière sur College Street, Toronto.
Salle jaune, peau grêlée du serveur,
ton visage, ton visage aux fines ridules,
mon visage à moi
nos années ensemble :
Salut ! salut, et adieu.

VI
How Beautiful with Earrings

I was thinking of that afternoon
when Nancy and Ethel and I sat in the sunlight
of the gravel court of those old barns
with the raised garden beds and espaliered trees
at the Priory of Notre Dame d'Orsan
and drank champagne

and of Nancy and Ethel and me on another afternoon
or maybe it was all one afternoon
or maybe I have merged all our afternoons
seated at tables on the gravel court
near the green glade in Nohant by George Sand's house

and Nancy was wearing a black and white printed dress
and at her throat and on her ears
a necklace and earrings also in black and white—
some geometric design of African origin
in bone and wood

and as Nancy smoked, the sun dappled in the courtyard
and we three talking in the grace of that softness
and the light falling all around and the green glade
just beyond and the raised beds
just over there

and the little puppet theatre just inside the house
a house where she had loved the composer
but insisted on wearing the trousers

VI
Si belle aux boucles d'oreille

Je repensais à cet après-midi où
Nancy, Ethel, et moi, assises au soleil dans la cour
gravillonnée d'une de ces vieilles granges
de la prieuré Notre-Dame-d'Orsan
aux parterres surélevés et aux arbres en espalier
avons bu du champagne

et à Nancy, Ethel, et moi un autre après-midi
ou peut-être était-ce le même, peut-être
ai-je fondu en un seul tous nos après-midis passés
assises à des tables dans cette cour gravillonnée qui jouxte
la clairière verte à Nohant près de la maison de George Sand

et Nancy portait une robe à motifs noir et blanc
et au cou et aux oreilles
un collier et des boucles également noir et blanc —
motif géométrique d'origine africaine
en bois et en os

et tandis que Nancy fumait, le soleil tachetait la cour
et nous devisions toutes trois dans la grâce de cette douceur
et la lumière tombait tout autour et la clairière verte
juste à côté, et les parterres surélevés
juste un peu plus loin

et le petit théâtre de marionettes juste là dans la maison
cette maison où elle avait aimé le compositeur
mais insisté pour porter le pantalon

and I exclaim how beautiful you are
Nancy in pools of light, Nancy in black and white
here in this speckled gravel place
Ethel does not miss a beat chimes
so beautiful no sense jealousy.

Then, it is a fall day, New York, noon,
Gramercy Park brunch, Ethel's ninetieth year,
her small apartment, her crazy driving
from Connecticut, her beautiful gold earrings,
how beautiful Ethel in old
gold earrings, Adam swooping her up
in his long strong young arms, so beautiful
farewell oh green-eyed creatures
of the green glades, farewell.

et je me suis exclamée comme tu es belle
Nancy dans les taches de lumière, Nancy en noir et blanc
ici dans ce lieu aux gravillons tachetés
et Ethel aussitôt de renchérir
tellement belle la jalousie n'a pas de sens.

Ensuite c'est un jour d'automne, New York, midi,
un brunch à Gramercy Park, les quatre-vingt-dix ans d'Ethel,
son petit appartement, sa folie d'y venir en auto
depuis le Connecticut, ses boucles d'oreille en or
comme elle est belle Ethel avec le vieil or
de ses boucles, et Adam qui l'attrape dans ses longs bras
jeunes et forts et la soulève, tellement belle
adieu, ô vous, créatures aux yeux verts
des clairières vertes, adieu.

VII
In Slow Motion

Seeing you at table, a lunch
before Christmas, wondering if you remember,
surprised that I have.

You are much taller than I remember
I much smaller than I feel
as we walk west along Bloor Street
that summer night

decades ago, a summer evening,
my blue tube top, my long white
silk skirt, turquoise Hawaiian shirt,
long black straight hair,

pushing my white bicycle
along the wide sidewalk west
from the great glass hall, out
of the Courtyard Café

into the gentle night, from the glitter
and the Basque salad you conjured for me
when it was no longer on the menu
and we talked and talked

and someone once said we were meant
for each other, but it was never so,
so out of the dining room, out of the hotel
in slow motion toward my white apartment

VII
Au ralenti

Te voyant à table, lors de notre déjeuner
d'avant Noël, je me demande si tu te rappelles,
et suis moi-même surprise de me rappeler.

Tu es bien plus grand que dans mes souvenirs
et moi, bien plus petite que je ne le pense
alors que nous empruntons la rue Bloor vers l'ouest
en cette nuit d'été lointaine

voilà des décennies, un soir d'été
mon bustier bleu, ma maxi-jupe
en soie blanche, ma chemise hawaïenne turquoise,
mes longs cheveux raides et noirs,

poussant mon vélo blanc
sur le large trottoir, à l'ouest
du grand hall vitré, ayant quitté
le Café de la Cour

pour ces douces ténèbres, quitté le clinquant
et la salade basque que tu avais fait magiquement surgir
alors qu'elle ne figurait plus sur le menu
et nous discutons, discutons

et quelqu'un avait dit une fois qu'on était fait
l'un pour l'autre mais ça n'avait jamais été vrai,
ainsi, sortis de la salle à manger, et de l'hôtel,
avançant au ralenti vers mon appartement blanc

in slow motion toward my golden bed,
in slow motion, in slow motion
holding your cock, remembering her bangs,
as we kiss and part.

au ralenti vers mon lit doré,
au ralenti, au ralenti
ta queue dans ma main, le souvenir de sa frange à elle
quand d'un baiser on se sépare.

VIII
The Writer's Saturday Night

Sure enough overnight the canal had frozen
and there was ice in the Ottawa River
when I awoke after an evening at dinner
at the residence of the Turkish Ambassador;

I was due to read later that day
at the Sasquatch Performance series
and all the way here I'd dreamt I'd forgotten my book
but read Jean Rhys over and over

learning who called the shots, who cringed,
who felt the need of a fur coat for cover.

I was on a bit of a roll with *Sea Light*
and with the Chateau Laurier;
I had a champagne cocktail in the bar
then headed out to the Ambassador's house.

Darkness was coming at the Sasquatch bar
the house was full and I dove right in
opening up with the light on the lake
and the birth of the world. Water, water, everywhere

time bound in to the flow of the tides.
There was an odd smell as I surfed my text,
but the audience was rapt
and I kept right on

VIII
Le samedi soir de l'écrivaine

Il est vrai que le canal avait gelé pendant le nuit
et qu'il y avait du gel sur le fleuve Ottawa
quand je me suis réveillée le lendemain de mon dîner
à la résidence de l'ambassadeur turc ;

Plus tard le même jour je devais lire en scène
dans le cadre du festival Sasquatch.
En venant j'avais rêvé qu'ayant oublié mon livre
je lisais Jean Rhys encore et encore

y apprenant qui avait mené la danse, qui s'était dégonflé
qui avait eu besoin d'un manteau de fourrure.

J'avais le vent en poupe ce jour-là, entre
mon recueil *Lumière de la mer* et le Château Laurier,
alors au bar avant d'aller chez l'ambassadeur
je m'étais offert un cocktail au champagne.

Il commençait à faire noir au bar de Sasquatch
la salle était comble et j'ai fait le plongeon
démarrant avec la lumière sur le lac
et la naissance du monde. De l'eau, de l'eau, partout de l'eau

le temps lié au rythme des marées.
Tout en surfant mon texte, j'ai perçu une drôle d'odeur
mais comme le public était médusé
j'ai persisté

to the final ebb and flow of the surf.
Then they took me sweetly by the hand and asked me to
come back again to read to them, real soon,
but I knew I had done my last gig in a subterranean space

with a backed up sewer
and I hopped back on that rolling train
right down to my lake and the city
where the lights never go out.

jusqu'à l'ultime sac et ressac de la marée.
Ensuite, me prenant gentiment par la main, les gens m'ont dit
de revenir bien vite leur faire une autre lecture,
mais je savais que j'avais donné mon dernier show

dans un souterrain aux égoûts bouchés
et sans plus attendre j'ai sauté dans le train
qui me ramènerait à mon lac et à la ville
où il ne fait jamais nuit.

IX
Cherries in Snow

The man in *The New Yorker* ad
seated on a folding wooden chair

scarf tied in a knot at his neck,
shows cherries in the snow.

He holds a single cherry by the stem
in the fingerless glove of his left hand

and in his right a simple wooden bowl
brimming with fruit.

He leans back on the chair
boots barely laced, legs splayed—

a good cap upon his head.
He is looking out at us.

Contented, conspiratorial smile,
dark beetle brows.

A friendly face, intelligent,
shrewd but not unwelcoming.

The snow is white, a few trees
visible in misty distance near horizon.

An admirable open tweed top-
coat, ditto knotted sweater.

IX
Cerises dans la neige

Assis sur une chaise pliante en bois
un foulard joliment noué autour du cou

l'homme dans la pub du *New Yorker*
montre des cerises dans la neige.

De sa main gauche revêtue d'un gant sans doigts
il tient par la tige une cerise solitaire

et dans la droite, un simple bol en bois
tout débordant de fruits.

Bien calé dans sa chaise
bottes mal lacées, jambes écartées,

belle casquette sur la tête,
il dirige son regard vers nous.

Sourire comblé, complice,
sourcils broussailleux.

Visage sympathique, intelligent,
malin sans être hautain.

La neige est blanche et quelques arbres
se laissent deviner à l'horizon brumeux.

Admirable, grand ouvert, le pardessus en tweed.
Idem, le pull à points noués.

He is wedged right at the front of the magazine
just after a photograph of Ralph Lauren

advertising his own American—Made in England—
Purple Label Collection.

Cherry man has slipped in to *The New Yorker*
just before the Table of Contents

which this month, September,
and not winter, as in his photograph,

features men in blue and asks
Are we too hard on cops?

Should we take the kids out of the jails?
What really killed Princess Di?

Is the new Getty art centre too good for Los Angeles?
Can technology set Tibet free?

And so, with a kind of crazy piety
he holds his piece, leans back

offers us cherries in winter,
peaches in spring.

It's not about weather,
it's packaging.

And for that he'll answer to the world.
    You bet.

Il s'est inséré au tout début du magazine
juste après une photo de Ralph Lauren

vantant sa propre collection américaine
— made in England — Purple Label.

L'homme aux cerises s'est glissé dans le *New Yorker*
juste avant la Table des matières

qui, ce mois-ci — septembre, et non l'hiver
comme sur la photo — comprend

un article sur les hommes en bleu et demande
Sommes-nous trop durs avec les flics ?

Devrait-on sortir les gamins de taule ?
De quoi est réellement morte Lady Di ?

L.A. mérite-t-il le nouveau centre d'art Getty ?
La technologie peut-elle libérer le Tibet ?

Ainsi, avec une sorte de piété folle,
toisant le monde, bien calé dans sa chaise

l'homme nous propose des cerises en hiver,
des pêches au printemps.

Il ne s'agit pas de météo,
il s'agit de packaging.

Et pour ça, ah ! pour ça, il est prêt à répondre
devant le monde entier.

X
Toward Punta Banda

Toward the point, the road
began to wind up on bare hills
the air became clear, and
particles of light made prisms
of the element just beyond
our grasp.

The wind came up strong
moving grasses on the edge
as we wove up
and down
and round
toward an end
we could not anticipate.

We chose you Punta Banda
from the map where you appear
a crooked beckoning
finger offering
delights encapsulated
in the words *La Bufadora.*

Sometime a car in motion
does not move
the earth is stable, and the sky
with uncontrollable velocity
recedes.

X
Vers Punta Banda

Près de la pointe, la route tortueuse
s'est mise à gravir des collines nues
l'air est devenu pur et des particules
de lumière ont transformé en prismes
l'élément qui de justesse
nous échappait.

Un vent fort s'est levé
remuant les herbes au bord du chemin
tandis que nous montions
et descendions
décrivant des zig-zags
vers une fin
que l'on ne pouvait deviner.

On t'avait choisie, Punta Banda
sur la carte, où tu ressembles
à un doigt crochu qui
fait signe, proposant
des merveilles que résument bien les mots *La Bufadora*.

Il arrive qu'une voiture en mouvement
ne bouge pas
la terre est stable, et le ciel
à une vitesse incontrôlable
recule.

Coming up an incline still toward you
we left the earth, we lost the road
the sky took us.

Artificer, we scorn your wings
noble, paltry.
There is flying your flying could not know.
There is soaring toward the Punta Banda
when the clouds in thin white bands
rush toward the horizontal eight,
when the birds, masses of startling
white herons, rise
and fall, rise and
fall, and at last
are gone.

Beneath, the sea begins to lash
sending high its sprays
forming the intractable
earth despite its intractability
despite its saying
that is, it is.

Beyond the salt flats gleam
mile on mile in the sun at noon
the air bristles
—wings, wind
salt become water
air become rain
earth become ocean
road become sky
leaving behind the box of

Cheminant encore vers toi sur cette pente raide
on a quitté la terre, perdu la route
et le ciel nous a happés.

Ô Artisan, fi de vos ailes
si nobles et dérisoires !
Il existe un vol que le vôtre ne peut connaître.
C'est l'envolée vers Punta Banda
quand les nuages, en minces bandeaux blancs
se précipitent vers le huit horizontal,
quand les oiseaux, masses ahurissantes
de hérons blancs, montent
et descendent, montent et
descendent, et finissent par
s'évanouir.

Au-dessous, la mer se met à fouetter,
envoyant gicler ses brisants
et sculptant la terre inflexible
malgré son inflexibilité
malgré sa façon de dire
qu'elle est, que cela est.

Au-delà, brillant sous le soleil de midi
des kilomètres de marais salants
l'air se hérisse
— ailes, vent
sel mués en eau
air en pluie
terre en mer
route en ciel
laissant loin derrière la boîte de

wormseed, the carapace, the
salvatory of green mummy.

On the outskirts of the waterspout, the
daedal way of Punta Banda
becomes a few stalls
selling curios.
    In the darkness, the dampness
of the hill behind
a woman offers
    hundreds of shells
whose windings, like the map's crooked
finger
        draw tongue toward
the path to *La Bufadora*.

On the crest, a building
half-completed by soldiers,
young
armed and slightly bored.

Beneath a lookout
the ocean tamed, but rocky
a mass of children screaming
as *La Bufadora*, the sea spout,
covers them with its
roaring, evanescent umbrella.

mouron des oiseaux, la carapace, le
répositoire de la momie verte.

A l'approche du geyser, le chemin
en dédale de Punta Banda
se transforme en échoppes
où se vendent des babioles.
    Dans la noirceur et la moiteur
de la colline derrière
une femme propose
    des centaines de coquillages
dont les sinuosités, comme le doigt crochu
sur la carte
        donnent à la langue l'envie
d'articuler *La Bufadora*.

Sur la crête, un bâtiment
à moitié achevé, construit par des soldats
jeunes
armés et un peu désœuvrés.

Sous une tour d'observation :
la mer, apprivoisée mais rocailleuse
et une masse d'enfants qui hurlent
tandis que *La Bufadora*, geyser de mer,
les couvre de sa rugissante,
son évanescente ombrelle.

XI
The Sea at Hove

Spent my honeymoon by the sea at Hove.
All those quaint shops, all those grand houses,
his grandfather's Rolls sold for death duties.
The English channel breaking over the walls.

Spent my honeymoon in his aunt's house in Brighton,
straight from Rhodesia to one floor of a cottage.
All those antiques in little lanes.
She'd left a bad marriage, slept in her kitchen on her freezer
gave me her crested ring: *Crush the Proud and Let the Humble Rise.*

And the sea at Plymouth and Falmouth and Penzance,
wild ponies roam the moors, the stepmother with a Yorkie at each tit,
the father, the displaced Commander, running his war manoeuvres
in Plymouth harbour, obsequious to the Lady,
worried that his son might just displace him again:

Take the book, it tells the story:
The tin mines were ours, and the title too;
Never live from a woman:
You know about Guinevere and Arthur;
Go west to your mother, there is welcome there—

XI
La mer à Hove

Passé ma lune de miel près de la mer à Hove.
Toutes ces boutiques pittoresques, ces villas somptueuses,
La Rolls de son grand-père vendue pour les droits de succession.
Les lames de la Manche se jetant contre les hauts murs.

Passé ma lune de miel à Brighton chez sa tante,
venue tout droit de la Rhodésie à l'étage de ce cottage.
Toutes ces antiquités dans les petites allées.
Ayant quitté un mauvais mariage elle dormait sur son congèle à la cuisine
m'a donné sa bague à cimier : *À bas les orgueilleux et vivent les humbles.*

Et la mer à Plymouth et à Falmouth et à Penzance,
les landes aux poneys sauvages, la belle-mère un Yorkie à chaque lolo
le père, Commandant supplanté, conduisant ses manœuvres militaires
dans la baie de Plymouth, obséquieux envers la Dame,
redoutant d'être supplanté à nouveau par son fils :

Prends ce livre, il raconte toute l'histoire :
Elles étaient nôtres, les mines d'étain, le titre aussi ;
Ne vis jamais aux crochets d'une femme :
Tu as bien vu avec Guenièvre et Arthur ;
Va chez ta mère dans l'ouest, elle saura t'accueillir —

With the cockney grandmother, a sly rich old woman,
the mother's plummy voice sending us down the road,
the chilly Bed and Breakfast, the palm trees in snow
and the twinkling stationmaster laying his finger
by the side of his nose—tell your husband to never be foolish.

Today, the Feast of the Epiphany,
meet the postman's package
of a painting of the sea at Hove.
In the meantime, thirty-three years, he was,
so was I, and so was a pride of others—

by the sea at Hove.

Avec la grand-mère cockney, vieillarde riche et maligne,
la voix snob de sa mère nous envoyant chercher un peu plus loin
les chambres d'hôte glaciales, les palmiers dans la neige
et le sourire en coin du chef de gare, posant l'index
le long de son nez : dites à votre mari de ne jamais faire de bêtise.

Aujourd'hui, fête de l'Épiphanie,
le facteur m'apporte dans un colis
un tableau de la mer à Hove.
Entre-temps, trente-trois ans, on se trouvait
lui, moi, et une flopée d'autres —

près de la mer à Hove.

XII
Once on an ABC Island

I

The silence of footsteps hidden, the six-foot drift of snow,
a sudden scent of geranium, shovel's aromatic revelation,
a sprig of rosemary for forget, muted filigree of violin sounds:

wind moving through gravestones,
whose spirit takes no room, the gates of song speak,
carry the prayer, the *sh'ma,* affirm the faith,

stand on the platform, the *bima*,
bareheaded in the breezes, redolent of oil,
burning the nostrils, daring to worship.

II

Once a land of giants, seven-foot Arawaks,
living in the Hato Caves, painting history on walls.
Centuries pass. Europeans arrive and discover.

The Dutch, and the Spanish, and the Jews
driven by Inquisition, from other shores:
The caves become hiding places, for runaway slaves.

First, a cemetery, *Beth Haim*, House of Life:
destined to die, those who are born will live again.
Then a House of Worship, *Mikve Israel-Immanuel*
ancient synagogue of the Sephardim,

XII
Un jour sur une île ABC

I

Silence des pas dissimulés, haute congère de neige,
parfum subite d'un géranium, révélé par la pelle,
brin de romarin pour oublier, chants entrelacés des violons :

vent qui erre parmi les tombes,
et dont l'âme ne prend pas de place, portails du chant qui parlent,
portent la prière, le *sh'ma*, affirment la foi,

debout sur l'estrade, la *bima*,
tête nue dans la brise légère qui pue le pétrole,
brûle les narines, on ose prier.

II

Jadis terre de géants : des Arawaks de deux mètres dix
qui habitaient les grottes Hato, peignaient l'histoire sur les parois.
Des siècles s'écoulent. Des Europeéns débarquent, découvrent.

Hollandais, Espagnols, et Juifs
poussés par l'Inquisition loin de leurs rivages :
Les grottes se muent en cachettes pour esclaves marrons.

D'abord cimetière, *Beth Haim*, maison de Vie :
ceux qui naissent doivent mourir, mais revivront.
Ensuite maison de Prière, *Mikve Israel-Immanuel*
antique synagogue des Sépharades

fleeing persecution, sand floor memorial
to desert Exodus, and muffled footsteps,
of *conversos*, converted Jews.

A sand floor is exile,
a sand floor is silence
hidden Sephardim and *conversos*, silently pray.

III

The first day of the last year of our millennium
was a very warm day
high on the crest of a hill

looking down on gravestones
pitted by sulphuric acid.
And I spent this first day of the last year

of our millennium looking
at imprisoned animals, at pocked gravestones,
enclosed in two lines of wire

crowned by barbs, west of refining oil machinery,
west-north-west of the torn reef.
We followed the Ring Road,

Jordan and Julian, David and Jane
and I, in an open jeep, round
Schottegatt at the inner harbour

looking for signs for the House of Life.
Beth Haim, a house of worship,
any house of worship.

fuyant la persécution, sol en sable pour commémorer
l'Exode vers le désert, et les pas étouffés
des *conversos*, juifs convertis.

Un sol en sable c'est l'exil,
un sol en sable c'est le silence
Sépharades cachés et *conversos* prient en silence.

III

En ce premier jour de l'an ultime de notre millénaire
il faisait très chaud
là-haut sur la crête d'une colline

qui surplombe des pierres tombales
rongées par l'acide sulphurique.
Et j'ai passé ce premier jour de l'an ultime

de notre millénaire à contempler
des animaux emprisonnés, des tombeaux grêlés
coincés entre deux fils de fer

couronnées de barbelés, à l'ouest de la raffinerie de pétrole
et à l'ouest-nord-ouest du récif déchiqueté.
Nous avons suivi le boulevard périphérique,

Jordan et Julian, David et Jane
et moi, dans une jeep ouverte,
contournant la *Schottegatt* près de la rade intérieure

guettant des panneaux pour la maison de Vie.
Beth Haim, une maison de prières,
n'importe quelle maison de prières.

Four hundred stones,
a little rolling seventeenth century cemetery,
two thousand graves now illegible.

Four hundred species east-south-east
in the plastic prison, on the torn up reef.
Names worn by acid, names on boxes,

futile attempts to freeze the assets
of the illimitable sea.
Have a touch encounter with a sea turtle.

Ride a shark to Paradise in the Dutch Caribbean.
Be scuba–escorted to the world of crabs and lobsters.
Check out the anemones, the stingrays, the moray eels.

The signs are in Dutch in the Dutch Caribbean paradise,
the druggies sputter *papiamentu*,
no trace of the language of giants,

on the old Blenheim estate, now the Isla Refinery.
Reminders in the tracery of Prague and Warsaw,
of expelled Jews and fish

torn from their reef, caught in plexiglass boxes,
stared at by bulging-eyed tourists
in a monstrous sea aquarium.

We gathered bareheaded beneath the tympanum,
west from *Schotttegatt*, stone detritus silence distilled
looking down on gravestones pitted with sulphuric acid.

Quatre cent pierres,
petit cimetière XVIIe ondulant,
deux mille tombeaux maintenant illisibles.

Quatre cents espèces est-sud-est
dans la prison en plastique, sur le récif déchiqueté.
Leurs noms usés par l'acide, inscrits sur des boîtes,

tentatives absurdes pour geler les avoirs
de la mer infinie.
Venez serrer la patte d'une vraie tortue de mer.

Chevauchez un requin jusqu'au paradis des Antilles néerlandaises.
Prenez un escorte en plongée jusqu'au monde des crabes et des homards.
Venez voir les anémones, pastenagues, anguilles murènes.

Dans ce paradis caraïbe les panneaux sont en néerlandais,
les toxicos crachotent en *papiamentu*,
zéro trace de la langue des géants

sur le vieux domaine Blenheim, aujourd'hui raffinerie Isla.
Les élégants remplages de Prague et de Varsovie
nous rappellent les juifs expulsés et les poissons de mille espèces

arrachés à leur récif, enfermés dans des boîtes en plexiglass
et fixés par des touristes aux yeux exorbités
dans un monstrueux aquarium de mer.

Tête nue, assemblés sous le tympan à l'ouest de la *Schottegatt*
dans le silence distillé de ce chaos de pierre
nous contemplons en bas les tombeaux grêlés par l'acide.

From the east we came, from the sea aquarium,
deathly domicile selling touch encounters
the first day of the last year of our millennium
looking down on gravestones pitted with sulphuric acid.

IV

From the main, sent by sea, worn
from rock prehistoric, muted sounds uncovered
stones dropped on graves, written in eastern places:

No Prague or Warsaw cemeteries
but a jewel on the ear of Pangaea, weary Antillean.
Wandering Sephardim, curve west, bearing

prayer books, *siddur*, tuned to a muted filigree
violins, determined, unbidden, acrobatic.
Adeste, Adeste, fideles triumphantes

light in air eternal, open the Ark most Holy,
toss the *tallit*, the prayer shawl, sorrows unridden
venite, venite, come now to *Beth Haim*.

An organ sounds on a carpet of white sand,
far from lands of ice and snow,
red-tiled courtyard echoes, massy doors open wide,

pillars of stone rise up to brass chandeliers
past the bubbling fountain, past the ancient *Mikva*,
from tombstones to streaming stained blue light.

De l'est nouse sommes venus, de l'aquarium de mer,
domicile mortel qui vend des rencontres au toucher
en ce premier jour de l'an ultime de notre millénaire
nous contemplons en bas les tombeaux grêlés par l'acide.

IV

Du continent, envoyés par la mer, usés
par la roche préhistorique, des sons étouffés ont révélé
des pierres posées sur des tombes, aux inscriptions orientales :

Non un cimetière de Prague ni de Varsovie
mais un bijou dans l'oreille de Pangée, Antillais épuisé.
Des Sépharades errant vers l'ouest, chargés

de livres de prières, *Siddour*, suivant les chants entrelacés
des violons, décidés, autonomes, acrobatiques.
Adeste, Adeste, fideles triumphantes

clarté éternelle de l'air, ouvrez l'Arche sacrosainte,
secouez le *tallit*, châle des prières, chagrins en sourdine
venite, venite, venez maintenant à *Beth Haim*.

Des notes d'orgue déferlent sur un tapis de sable blanc
loin des pays de glace et de neige,
la cour carrelée de rouge résonne, les portes massives s'écartent,

et après pierres tombales, fontaine rieuse, *Mikva* antique,
colonnes de pierre s'élançant jusqu'aux lustres en laiton,
enfin le flot de lumière tachetée de bleu.

The hot streets are prisons, slaves and exiles praying
silence of sand and exile, unbidden to the Caribbean Sea,
blacks and expelled Jews praying:

Over the rise of land, over the *bima*, poignant
pursued by Spaniards, tossed on the prodigious sea—
graveyard and aquarium and refinery.

The fish torn from their reef, caught in plexiglass boxes,
stared at by bulging-eyed tourists
poignant prodigious the prayers.

Prisons les rues brûlantes, prières d'esclaves et d'exilés
silence du sable et de l'exil, prières de Noirs et Juifs
expulsés, venus malgré eux à la mer caraïbe :

Par-delà la colline et la *bima*, poignants
poursuivis par des Espagnols, jetés sur la mer prodigieuse —
cimetière, aquarium, raffinerie.

Poissons arrachés à leur récif, enfermés dans des boîtes en plexiglass,
fixés par des touristes aux yeux exorbités :
poignantes, prodigieuses, les prières.

Afterwords and Acknowledgements

I began to write the Code Orange *poems as a response to the invasions of Afghanistan and the media flurry of photographs. There was such a disjunction between what one saw and what one was told to see that the formality of the quatrain seemed to create a frame around the physical beauty, a beauty which was destroyed not only by the Taliban, but also by all the invading forces. "The Elegy," which follows on the death of the bookman, and perhaps on the death of libraries, also required some classical interventions. Iambic pentameter, but also blank verse stanzas in the way of Milton's* Paradise Lost *with intervention within passages of psalmic structures, their repetitive harmony: "perhaps he felt, perhaps he felt." Throughout the whole suite I was drawn to the hymns of my childhood, spent on hard pews, snuggled in damp proximity to my nana's big black sheared beaver coat on cold wet snowy days. And finally, as I moved through the whole sequence I felt a need to explore other stanzaic forms, the two-line, the four-line, even for moments William Carlos Williams's three-lined, stepped stanza. I needed all of these to contrast to the media bullets which were pervading my consciousness as I wrote.*

—Karen Mulhallen

Versions of some of these poems appeared in *Views From The North* (1984), *The Grace of Private Passage* (2000), and *numéro cinq magazine* (2014).

Notes et remerciements

Je me suis mise à écrire les poèmes de Code orange *en réaction aux invasions de l'Afghanistan et aux photos qui ont alors inondé les médias. Il y avait un tel décalage entre ce que l'on voyait et ce qu'on était censé voir que la forme du quatrain m'a semblé dessiner un cadre autour de la beauté physique, cette beauté que détruisaient non seulement les Taliban, mais toutes les armées de la coalition. De même, la mort du Bookman, et, peut-être, dans la foulée, celle des librairies, a rendu indispensable le recours à un certain classicisme élégiaque ... Tout au long de mon travail sur cette suite, j'ai été aimantée par les cantiques de mon enfance passée sur les bancs durs de l'église, ces froides journées d'hiver humides et enneigées où je me blottissais contre le manteau en castor noir de ma nounou. Enfin, à mesure que j'avançais dans la séquence, j'ai ressenti le besoin d'explorer d'autres formes poétiques : la strophe à deux, à quatre, voire à trois vers, ces "degrés" chers à William Carlos Williams. Tout cela m'a été nécessaire pour contrer les balles des médias qui s'enfonçaient sans cesse dans ma conscience pendant que j'écrivais.*

—Karen Mulhallen

NdT : Pour les citations d'Homère, la traduction française utilisée est celle de Leconte de Lisle.